DOMINAR LA RIQUEZA Y LA FELICIDAD

12 reglas esenciales para el éxito

J. F. GUCO

CONTENIDO

DEDICATORIA

A mi amada familia, cimiento inquebrantable en mi trayecto hacia el entendimiento y la búsqueda incansable de la auténtica riqueza y felicidad. A lo largo de los años, han sido más que mis seres queridos; han sido mis compañeros invaluables, compartiendo con generosidad sus sabidurías y alegrías, y caminando a mi lado en cada encrucijada y desafío de la vida.

Este libro, mi humilde contribución al conocimiento y a la reflexión, está dedicado de manera especial a cada uno de ustedes. La dedicación va más allá de las palabras, es un reconocimiento sincero por su apoyo incondicional, su amor constante y la fortaleza que aportan a mi existencia diaria.

Que estas páginas, que nacen del corazón y la experiencia compartida, sirvan como un recordatorio perdurable de que el éxito y la dicha son logros que celebramos juntos como familia. Que este libro sea un lazo adicional que fortalezca nuestro vínculo familiar, recordándonos la importancia de sostenernos mutuamente en nuestro viaje hacia la realización personal.

Con aprecio profundo y cariño eterno, J.F. GUCO."

AGRADECIMIENTOS

En la culminación de este proyecto, deseo expresar mi profunda gratitud a aquellos que han contribuido de manera invaluable a la creación de este libro.

A mi familia, por su apoyo constante y amor incondicional. Cada uno de ustedes ha sido mi roca, mi motivación y mi razón para aspirar a más.

A mis amigos, cuya amistad ha sido un tesoro a lo largo de los años. Gracias por ser fuente de inspiración, por las conversaciones que desafiaron mis pensamientos y por compartir risas que aligeraron el camino.

A los lectores, quienes confían su tiempo y atención a estas páginas, espero sinceramente que encuentren inspiración y valiosas lecciones que enriquezcan sus vidas.

Finalmente, agradezco a la vida misma por ofrecerme las experiencias que han dado forma a este viaje de aprendizaje y crecimiento.

Con gratitud, J. F. GUCO

INTRODUCCIÓN

Se ha escrito mucho y en diferentes formas, para mejorar nuestra vida, para tener dinero, para ser rico. Pero muy pocos han seguido los consejos, por qué, no lo sé.

Quizás será que muchos de ustedes son apáticos, tienen miedo a enfrentarse a otra realidad, o en realidad, son conformistas.

Esto es para tí, que tienes el deseo de superarte, y te digo que es para tí, por que desde el momento en que tienes en tus manos estas reglas, es porque tienes el deseo de ser rico.

Pero no creas que es sencillo, es necesario tener mucho deseo y fe, y dedicarle a las sencillas reglas un poco de tu tiempo, porque para recibir primero hay que dar algo a cambio, no creas que las cosas te caerán del cielo.

¿Estás preparado para seguir adelante o todavía no?

¿Acaso eres miedoso, cobarde, pusilánime o conformista?, **yo creo que no.**

Pero si lo eres, te doy un consejo, no sigas leyendo, busca un basurero y arroja estas reglas, ya que nunca llegarás a entenderlas y no las llevarás a cabo como debe ser.

Te reto a que lleves a cabo las siguientes reglas, de esta manera, grábate en tu mente, que al igual que el comer, respiras diariamente las reglas, mínimo durante treinta dias cada una de ellas,igualmente, las leerás tres veces en el mismo día, si no te crees capaz de hacerlo, no lo hagas, olvídalo, sigue tu vida como la has venido viviendo hasta ahora, no mereces otra cosa.

Pero si tienes deseos de superarte, síguelas, y verás que poco a poco la vida ofrece un sinnúmero de matices y oportunidades que desconoces, por la simple razón de que quieres y no porque se te haya prohibido; ya que a través del tiempo la vida nos ha enseñado que existen, vencedores y derrotados.

¿A qué grupo de personas perteneces?

Piensa un poco y encontrarás la solución.

Ahora, piensa a qué grupo de personas quieres pertenecer, al de los vencedores o simplemente al de los derrotados.

Perfecto! Al de los vencedores.

Entonces sigamos adelante.

Te preguntarás: Qué es lo que debo de hacer o de realizar.

La respuesta es sumamente sencilla.

La contestación se encuentra en tu mente y tu persona, y

tú eres el poseedor de la respuesta. Se encuentra en tí, pero es necesario que la descubras, que encuentres el real y verdadero significado de la respuesta.

Yo, solamente trataré de guiarte para que la encuentres.

Tienes en tus manos, mis reglas, fáciles y sencillas para ser rico y feliz.

Por favor, razónalas, entiéndelas y serás rico y feliz.

Es indispensablemente necesario que dejes tus lamentos, pues éstas, no te conducen por caminos positivos y sólo te crean obstáculos.

Con lamentarte, no solucionas nada, al contrario, solamente te atormentas y tu pensamiento está fijo en ello.

Libera tupensamiento de ese tormento, empieza desde ahora a cambiar,empieza a pensar en forma positiva.

Fíjate una meta a la que vas a llegar, o varias metas, fíjalas más altas y elevadas a lo normal y trata de llegar a ellas, porque si escoges el camino correcto, con tu decisión y fe en tí mismo, te será sumamente sencillo llegar a ellas, y dirás después,qué fácil es esto y qué difícil se me hacía antes.

Recuerda tu pasado, trata de borrar de tu mente las cosas malas que te hayan sucedido, guarda para tí, solamente las cosas hermosas que hayas disfrutado, los logros alcanzados, ya que, solamente éstos te servirán para alcanzar logros mejores.

Los fracasos que hayas tenido, ¡Olvídalos!, pero ten presente siempre, que no debes de volver a repetirlos, ya que serías necio si lo hicieras.

No tengas miedo a la vida, ésta es muy hermosa, gózala en todo su esplendor pues en ella, encontrarás también la respuesta de la riqueza y felicidad.

Ama a tus semejantes como te amas a tí mismo, no desprecies ni al humilde, al rico, al hermoso, al feo, al fuerte o al débil, pues en ellos encontrarás cualidades de las que tu tal vez no poseas, obsérvalos, estúdialos, escúchalos y saca provecho de ellos mismos, de las virtudes que posean y de sus fracasos asimilados, para que tú no incurras en los mismos.

Así pues, ¡Adelante!

"Antes de continuar, quiero compartirte estas reglas para la riqueza y la felicidad. Me las enseñaron con amor y respeto, heredadas de generación en generación. Personalmente, he encontrado éxito y satisfacción aplicándolas, y las he transmitido a mis hijos. Ahora, con cariño, las comparto contigo. Si encuentras valor en ellas, te animo a compartirlas con amigos".

Así pues, te digo otra vez: ¡ADELANTE!

PRIMERA REGLA

¿QUIEN ERES?

Me he preguntado alguna vez quién soy?

Si o no, a qué conclusión llegué?

En realidad me conozco?

Es necesario que me conozca a mí mismo, que observe mis virtudes pero también mis defectos.

¿Cómo haré esto?

Es muy sencillo.

Debo primero conocer mi cuerpo para saber quién soy. ¿Y cómo lo haré?

Es fácil.

Todas las mañanas al levantarme y antes de bañarme, me miraré al espejo detenidamente cuando menos cinco minutos, observaré mi pelo, mis ojos, mis labios, mis manos,mis pies, mis callos, mis lunares. ¡En fin!, todo lo que posea mi cuerpo, y después de una semana de observarme,empezaré a escribir las cosas que más me gustan de mi cuerpo, y de igual manera, escribiré las cosas que no me gustan de mi cuerpo. Por lo menos diez de cada una de estas observaciones.

Y a qué me conduce esto?

Es fácil de adivinar.

(Acaso no me he dado cuenta) que cuando encuentro las cosas que me gustan y me disgustan de mi cuerpo, es cuando realmente aprenderé a conocerme fisicamente, y empezaré a cuidar con esmero los detalles de mi cuerpo, y al cuidar los detalles empezaré a quererme más, puesto que examinaré y cuidaré todo lo que use para aplicar a mi cuerpo, porque lo debo cuidar, porque es bello, hermoso, y si no lo cuido yo, quién lo hará?, ¡Nadie!, debo aprender a quererlo, no debo lastimarlo sino por el contrario, amarlo, no lo lastimaré porque si me lastimo, no me quiero, y si no me quiero no quiero a nadie, debo de aprender a quererme y mucho para querer a todos los que me rodean, y aun a los que no conozco, ya que algún día los conoceré.

¿Por qué haré todo esto?, es muy sencillo, porque aún no sé quién soy, todo lo que hago es rutinario, es lavarme, secarme, vestirme, arreglarme, y demás, pero he perdido la gracia de saber quién soy, porque no me observo, es más, pienso, ya no tengo tiempo. Debo robar cinco minutos a mi tiempo y emplearlos en observarme para saber quién soy, de esta manera aprender a quererme mucho y cuando lo logre, sabré por fin, qué puedo esperar de la vida, porque por fin me amaré y sabré quién soy.

Porque, en realidad, soy un ser grandioso, que tiene en esta vida una tarea que cumplir, por ella me esforzaré día a día, minuto a minuto, segundo a segundo, hasta realizarla, hasta cumplirla.

Porque conociéndome a mí mismo, sabré quién soy, adónde voy y qué es lo que quiero en esta vida, o quizas no quiero nada, si es esto, entonces no hare nada, no me conocere, no esculcare mi cuerpo y simplemente sere otro parasito mas en esta tierra, donde solamente causaré repugnancia, asco, temor, por parte de las demás personas que me vean y me rodean. Si no sé quererme a mí mismo, tampoco sabré querer a nadie y nunca debo esperar que me quieran, sin que me extrañe que también me hieran.

Una vez que conozca las cosas que me gustan y disgustan de mí mismo, empezaré a pensar detenidamente, por qué me gustan determinadas partes de mi cuerpo?, del mismo modo,pensaré un poco más, porqué hay cosas que me disgustan de mi cuerpo?, y pondré toda mi atención en ellas, porque estas cosas debo mejorarlas, debo componerlas, debo pulirlas, ya que, a todo lo que poseo debo darle buena utilidad, con esto, también llegaré a quererlas hasta que por fin, todo cuanto poseo en mi cuerpo aprenda a quererlo y a darle buena utilidad, y cuando le dé la utilidad debida, me conoceré, sabré quién soy, y sabré qué es lo que quiero de esta vida.

Debo recordar a cada momento, que quien se desprecia es despreciado por los demás, y quien se quiere es querido por los demás.

SEGUNDA REGLA.

¿A DÓNDE VAS?

Acaso me he puesto a pensar, ¿de dónde vengo, adónde voy?, qué es en realidad lo que quiero de esta vida o en realidad, qué es lo que me pertenece y cómo debo obtenerlo.

Esto, es lo más sencillo.

Soy un producto del amor, de la unión de dos seres que en un momento divino me concibieron, y que desde antes de nacer yo, ya me querían, y yo, inconsciente aún, ya los quería.

Desde ese momento, aprendí a amarme, puesto que en forma inconsciente traté por todos los medios a mi alcance, de sobrevivir, de responder a sus caricias, a sus mimos y a sus tristezas por mi.

Y hoy, que soy grande, se me ha olvidado lo más importante de mi vida, que es, saber adónde voy.

Acaso, no es verdad que cuando aún no nacía, lo más importante de mi existencia era el nacer?, verdad que sí, en ese momento, ya sabía a dónde iba.

Y hoy; al paso del tiempo, he perdido la brújula para encontrar mi camino.

Debo pensar y pensar mucho a donde voy, que es lo que quiero, adonde guiare mis pasos y no donde mis pasos me guiaran, y esto es lo mas importante de mi vida, por que si mi mente no domina mis pasos, de seguro tropezare y caere al abismo y si ya cai en el, debo pensar la forma de salir de el, buscando el camino mas correcto pensando primer, a donde quiero ir, a donde voy, que es lo que quiero de esta vida pues ya me canse de fracasar, por no saber ni conocer que rumbo tomar, recuerdo cuando aun no nacia, que lo que mas deseaba en el mundo era nacer y vivir.

Hoy, estoy vivo, y debo seguir estándolo, y debo aprender a saber y conocer adónde voy, qué es lo que quiero.

Luego, estoy vivo.

Debo aprender a vivir.

Quiero ser rico.

Pero, esto sólo son palabras, en realidad quiero y deseo estar vivo, y qué debo hacer, primero, me cuidaré, trataré portodos los medios de evitar que me lastimen.

También debo aprender a vivir, y esto, es fácil, la vida meda satisfactores que tomo de ella, y cada uno de ellos lo debo disfrutar al máximo, porque un ser, supremo creador, me lo ha dado y no debo desperdiciarlo, por el contrario, debo de sacarle el mayor provecho a mi favor.

Quiero ser rico.

Pienso adónde voy, qué es lo que quiero; pero debo pensar con gran fuerza teniendo un gran deseo de ser rico y lo seré, qué en este momento yo poseo la riqueza de estar vivo, mientras que otros están muertos?, ¿qué no tengo la dicha de estar respirando cuando otros ya no respiran?

Debo de aprender a saber adónde voy y qué es lo que quiero, y voy a la riqueza y quiero ser inmensamente rico, y lo seré, porque pensando, por medio de la mente este caudal de ideas que fluyen sin cesar, me harán inmensamente rico y lo seré.

Pero no debo fracasar, no quiero ser un fracasado en esta vida, por el contrario, quiero ser un triunfador, y lo seré si sé guiar mis pasos por los senderos correctos de la vida.

Si en el pasado equivoqué mis pasos y estos me condujeron al fracaso, hoy me comprometo a redirigir mi camino por el sendero iluminado de la dicha, la felicidad y la victoria. Con la lección aprendida de mis errores, comprendo que cada tropiezo es una oportunidad para crecer y mejorar.

De aquí en adelante, independientemente de la función que desempeñe en la vida, adoptaré un enfoque siempre positivo.

Mis pensamientos estarán impregnados de optimismo, rechazando cualquier atisbo de negatividad que pueda obstaculizar mi camino. Estoy decidido a construir un futuro donde el éxito corone mis esfuerzos persistentes.

Cada día será una nueva oportunidad para aprender, evolucionar y avanzar hacia mis metas con determinación. Creo en la capacidad de transformar desafíos en oportunidades, y estoy listo para abrazar el éxito que resultará de mi compromiso con el pensamiento positivo y la acción diligente.

TERCERA REGLA

OBSERVA.

¿Acaso observo?

He perdido la gracia de observar la vida mundana, me ha quitado la gracia de observar por arriba de mi cabeza, y solamente veo por dónde pisan mis pies.

Debo detenerme a observar. Las casas, las calles, los árboles, el cielo y todo, pero no sólo debo mirar si no observar, debo aprender a observar, aprender, porque las cosas que observo tienen vida aunque no lo crea, todo tiene vida y está ahí por algo y con la observación aprenderé por qué está ahí.

Debo pensar al observar, la razón de por qué se pusieron determinadas cosas en ese lugar.

Debo pensar quién hizo posible que esa cosa estuviera ahí.

Debo pensar cuánto trabajo y sacrificio tienen las cosas que nos rodean, porque cada cosa que nos rodea tiene una historia, y esa historia, trataré de imaginarme cómo es, esto solamente lo descifraré observando.

Debo observar a los hombres y mujeres que pasan a mi alrededor, y, observarlos bien, para tratar de saber qué piensan, qué quieren, qué les puede ser útil, qué necesitan, en fin!, muchas cosas que sólo observando descubriré.

Y si descubro qué es lo que necesitan, les daré lo que piden, pero a cambio cobraré, he aquí una regla para iniciar mi carrera, para ser rico, porque lo seré, pero el dinero no llegará a mis manos caído del cielo, por el contrario, debo saber quién soy, adónde voy, y debo de observar, para poder traducir mi deseo más ferviente en dinero y poder ser rico y feliz.

Observando, aprenderé a querer a la naturaleza, a lo que me rodea, y a quienes me rodean, porque todas las cosas que rodean son bellas, y para encontrar la belleza que ocultan sólo lo lograré observando, y conoceré por fin la utilidad práctica que les pueda dar, para beneficio de los demás, y principalmente, para mi propio beneficio.

Ya que, al darle satisfactores a los demás, yo me daré satisfactores principalmente, que traduciré en dinero y que a través de muy poco tiempo, me dará más dinero; por esto, debo aprender a observar, ésta es una habilidad que he perdido, pero la he perdido porque yo quise, al dejar a un lado, olvidada, la gracia de la observación.

A partir de ahora me hago el firme propósito de volver a observar detenidamente todo lo que me rodea, lo que está por encima de mi cabeza, observar la naturaleza que es tan bella, y encontrar un propio beneficio de todo lo que observo para mí.

Debo de imitar a los que han triunfado, con la gracia de la observacion , pues esta gracia, no esta solamente reservada a ello, yo tambien tengo del derecho y la facultad de observar y esto haré de hoy en adelante.

Observando, descubrire las cosas bellas de la vida, descubrire lo que la gente necesita, sus gustos y sus deseos ¡en fin! Lo que ellos quieren, y ahí es donde tratare de darles un servicio.

Observando, también perfeccionaré y mejoraré el trabajo, que realizo, y lo desarrollare con más carino, como si éste fuese un vicio al que estoy acostumbrado.

Porque el trabajo no envilece, al contrario, perfecciona al hombre y lo engrandece.

Así quiero ser yo, grande, triunfador, y lo seré porque es mi más fuerte deseo y debo de lograrlo, no me quedaré a mitad del camino, lo realizaré todo y solamente así seré rico y feliz.

Debo tener siempre presente, que debo de aprender a observar todo lo que me rodea, y observarlo bien, no a medias.

CUARTA REGLA

APRENDE.

De mis fracasos y derrotas, ¿Qué he aprendido?, ¿acaso nada?, estoy equivocado. He aprendido a no cometer los mismos errores para no fracasar y ser derrotado.

Hay un animal, el burro, que cuando lo pasas por una vereda y no tropieza con una piedra, lo puedes volver a pasar por esa misma vereda, ante esa misma piedra cientos de veces y no se tropezará con ella, ¡imagínate!, es un burro y sabe eso. ¿Qué sé yo?

Sé quién soy?.

Adónde voy?.

Ya aprendí a observar?.

Y de la observación debo de aprender qué es lo que necesitan los que me rodean, y debo de aprender a hacerlo bien,puesto que lo que les ofrezca debe agradarles, serles útil, y de esa manera adquiriré más dinero del que jamás había soñado.

No es necesario tener una cultura extraordinaria para aprender a ser inteligente, demasiado inteligente, ¿tener carrera universitaria?, ¡Tonterias!, éstos son de los que menos dinero tienen en comparación con los que aprenden observando, acaso no me he dado cuenta que la gran mayoría de estudiosos universitarios trabajan para otros?, ¿que se vuelven burócratas de oficinas publicas y privadas?

Se han vuelto miedosos, apáticos y conformistas, muchos empleados y obreros también lo son.

Yo, no quiero ser como ellos, no.

Por lo tanto, debo aprender de la observación a liberar mi mente, para que esta empiece a desarrollar y pensar un poquito más de lo normal debo de mejorar todo lo que hago, mejorar lo ya existente, darle un mejor acabado, debo mejorarme a mi mismo y esto, yà sé cómo. ¿Qué acaso no podré con las cosas materiales?, ¡claro que si puedo!

Observando, le encontraré defecto a todo y trataré de mejorarlo, y al hacerlo mejor todo será más fácil, debo aprender a utilizar más mi mente que mi fuerza fisica.

Porque no quiero ser un cargador toda mi vida ni arrastrar una yunta de bueyes. No.

Debo de pensar, cómo aprender observando y mejorando las cosas que me rodean, con menos esfuerzos físicos con que otros lo hacen, aquí está otra regla de mi vida, observando aprenderé, ya que sé quién soy y adónde voy.

No debo ser flojo para pensar, por el contrario, debo de aprender a pensar, debo ejercitar mi mente a cada rato, todos los días, y esto no es cansado, es sencillo.

¿Acaso me canso por respirar, por comer? ¿Verdad que no? Entonces debo de aprender y observar, en fin!, debo de perfeccionar lo poco que sé, aprendiendo, siempre aprendiendo a pensar y perfeccionar lo poco o mucho que sé.

Aprenderé de los propios errores que he cometido y de los errores que han cometido mis semejantes, a través del tiempo.

La humanidad entera ha cometido errores, pero no debo cargar con ellos, por el contrario, debo asimilarlos, para no volverlos a cometer.

Si es necesario adquirir y aprender conocimientos especializados, me capacitaré en ellos; en nuestro país, hay una variedad de escuelas públicas y privadas,que imparten capacitaciones especializadas, y hay escuelas en linea, puedo recurrir a ellas y si tengo el deseo de superarme día a día, acudiré a ellas.

"Orientaré mis aprendizajes hacia el ámbito práctico de la vida, reconociendo la importancia de aplicar los conocimientos adquiridos. ¿De qué serviría acumular sabiduría si no la pongo en práctica?

Dedicaré mis esfuerzos diarios a aprender y superarme continuamente, con el objetivo de obtener beneficios tanto para mí como para mi familia. Entiendo que el crecimiento personal no solo impacta en mi propia vida, sino también en la de los demás. Es a través de este compromiso constante que aspiro a alcanzar mis metas: ser una persona próspera y feliz. Y estoy convencido de que, con esfuerzo y dedicación, lo lograré."

QUINTA REGLA

AHORRA

En verdad, ¿he ahorrado en mi vida?

Nada de eso, todo lo que he ganado, lo poco que he creído que he ahorrado, lo he gastado. Se me ha olvidado una regla sencilla, que el ahorro es la base del capital.

Esto, quiero decir:

Que de hoy en adelante, de lo que gano, me propongo ahorrar lo más que pueda, en un día, en una semana, en un mes. Y debo de olvidarme del dinero que ahorro. Y debo de poner a trabajar el dinero ahorrado para que este me produzca ganancias, y las ganancias, también las debo ahorrar y no tocarlas durante algún tiempo.

Me hago el solemne juramento, de ahorrar e invertir lo que logre ahorrar durante un periodo de cinco años, y, al final de ese tiempo veré los resultados.

No es difícil ahorrar; simplemente, la regla más sencilla es proponérselo.

Y esto, me lo propongo desde este momento, todo lo que pueda ahorrar de lo que gano, lo ahorraré; no tiraré mi dinero en comprar cosas que no sirven para nada, ya que esto, es basura,cosas que en el momento me han llamado la atención, pero que realmente, no sirven para nada.

¿Por qué he de tirar mi dinero en cosas que no sirven?,¿Por qué he de dejar convencerme de comprar cosas que no necesito?,

¡Solamente porque me las proponen, porque me invitan a ello!

De hoy en adelante, no prestaré oído a las ofertas especiales que me ofrezcan, porque estas ofertas y los que me las ofrecen, me quieren quitar mi dinero, y no me dejaré, ya que ellos son los que no quieren que sea rico y que sea próspero.

Debo de inculcarme diariamente el hábito del ahorro, desde este momento compraré solamente lo que me sea indispensable y necesario para mí y para mi familia, no debo de comprar basura, ya que es, solamente eso, basura.

Y cuando aprenda esta regla tan sencilla, empezaré a ver los resultados y los frutos de mi esfuerzo.

Puesto que es un esfuerzo, ya que todos los que me rodean me han acostumbrado a no ahorrar, a gastarme mi dinero que gano y mas aun, a gastar más de lo que gano, endeudándome por meses,por años pagando altos intereses y esto es un paso que no tiene fin y si debo,procuraré ahorrar algo de lo que me sobre, lo mas que pueda, puesto que solamente así, alcanzare la riqueza.

NO debo olvidar nunca, que el ahorro, es la base del capital.

Debo recordar que las personas que hoy en dia tienen riquezas se debe a que conocen la sencilla regla del ahorro, y por ese motivo, ahora tienen dinero, pero debo recordar tambien que en su inicio no tenian un solo centavo, solamente tenian una firme determinacion, que era ahorrar y eso se les convirtio en habito, y hoy en dia tienen mucho dinero, dinero que en la actualidad les da muchas satisfacciones y que el dia de mañana yo tambien las tendre, por que de hoy en adelante tendre un solo proposito en mi vida, que sera el habito del ahorro y unido a mis otras determinaciones cuando por fin aprenda a ahorrar, ya no volvere a preocuparme por el dia de mañana ya que, con el producto ahorrado tendre asegurada la tranquilidad, la comida y demas cosas para la familia y para mi.

La tarea de ahorrar se simplifica enormemente cuando nos proponemos disciplinarnos. Es cuestión de recordarme a mí mismo, una y otra vez, que el acto de ahorrar no es una tarea difícil, sino más bien un hábito que se fortalece con la práctica y la repetición.

Cada vez que sienta el impulso de comprar algo que solo ha capturado mi atención momentáneamente, debo recordar que es importante resistir la tentación y evitar gastar mi dinero en cosas superfluas, que en última instancia, no aportarán ningún beneficio real.

Mantener presente en mi mente la idea de que el ahorro es una parte esencial de mi rutina financiera me ayudará a tomar decisiones más conscientes y a reconocer el valor de cada centavo ganado. Cada ahorro representa un logro personal, resultado de mi arduo trabajo y dedicación, por lo que nunca debo olvidar la importancia de destinar una parte de mis ganancias al ahorro. Esta práctica no solo contribuye a mi bienestar financiero personal, sino que también refleja el fruto de mi esfuerzo individual y mi compromiso con un futuro más sólido y estable.

SEXTA REGLA

AMOR.

"Si quieres ser amado, debes aprender primero a amarte a ti mismo, para que con limpieza de tu corazón ames a tus semejantes.

Debo de olvidar el rencor y el odio que alguna ves profesé para con alguno de mis semejantes, y en mi fuego interno, debo de aprender a amar a todos mis semejantes.

Pero esto no es sencillo, ya que para que tenga el don de amar primeramente debo de aprender a amarme a mi mismo, y esto, lo realizaré de una forma sencilla.

Va me conozco, sé quién soy, no me gusta hacerme daño, en tiempos pasados en alguna ocasión me causé daño y permití que otros me dañaran. pero ahora. ya no estoy dispuesto ni acepto el dañarme en mi persona, ni por mi ni por otros.

Por el contrario, hoy más que nunca debo de cuidarme porque me amo, soy un ser creado por amor, y estoy en este mundo para amarme y amar a los demás.

Debo recordar que el amor es base principal de esta vida, ya que seria Imposible vivir con odios y rencores, porque mi corazón se marchitaría y moriría.

Por lo tanto, si quiero vivir, debo de hacerlo con amor y alegría, que mi corazón esté libre de rencores y odios.

Debo de amarme a mi mismo, cuidar de mi persona como el tesoro más grande y sublime que Dios me ha dado.

Debo vigilar, escrupulosamente, el cuidado de mi persona,las ropas que uso, porque esto será el reflejo de mi corazón y la confianza que brinde a los demás.

No debo causarle daño a nadie y mucho menos a mi familia, debo de quererlos mucho más, ya que con ellos paso gran parte de mi tiempo, compartimos el alimento y el techo, por ello los momentos en que estemos juntos, deben de ser los más hermosos de la vida.

Debo escuchar sus problemas sus lamentos,sus alegrias, para poder convivir dia a dia con mayor amor y dicha, ya que mientras tenga la tranquilidad y la paz en mi hogar,mi trabajo lo realizaré sin presiones de ninguna naturaleza, y lo realizaré en la mejor manera posible, y esto me dará un resultado económico de mayor beneficio para mi y mi familia, y con el tiempo seré rico y feliz, que es la meta que me he trazado en la vida.

La regla para triunfar, es el trabajo, que debe realizarse con amor, abnegación, pasión y alegria.

SÉPTIMA REGLA.

DEFINE.

Rectifica tu camino, define los pasos a seguir.

Los pasos que he dado hasta hoy, no me han llevado a la riqueza. ¿Por qué?

Quizás, porque estuvieron mal dirigidos.

Es necesario, que de hoy en adelante defina el objetivo que me he trazado en esta vida, y es necesario definir mi objetivo.

¿Qué quiero?

Quiero ser rico, tener mucho dinero, debo de pensar en eso y tener fe.

Principalmente, debo tenerme fe a mí mismo y esto, únicamente lo alcanzo conociéndome a mí mismo, queriéndome,porque queriéndome aprenderé a querer a toda la humanidad.

Todas las mañanas, cuando me levante, encauzaré mis pasos al éxito, a mejorar mis relaciones personales con cuantas personas trato, pues ahí está otra regla primordial para llegar a ser rico.

Debo determinar, qué lo que quiero es ganar dinero,teniendo fe, principalmente, en mí mismo.

Determinando mi deseo absoluto de ser rico.

Debo de concluir mi deseo ferviente de ser rico, y lo seré.

¿Por qué otros han podido serlo y no yo? Porque ellos han determinado sus pasos a la riqueza y los han concluido.

Cuando empiece mi jornada de trabajo, debo de concluir lo que me he propuesto realizar, si no lo hago, seré un fracasado, y no es mi deseo pertenecer al grupo de los fracasados.

Debo de estar dentro de los triunfadores, y seré un triunfador, seré rico.

No debo de perder tiempo en cosas que no me produzcan, por el contrario, ocuparé mi tiempo y si es necesario un poco más de él, en producir, trabajar, puesto que el trabajo no envilece, sino por el contrario, engrandece, ennoblece, fortalece, dignifica y nos da el reconocimiento de todos aquellos que nos rodean.

Debo de emplear la acción en todo lo que emprenda, concluir mis pasos aun que crea que me sera muy dificil lograrlo, ya que esto es mentir, puesto que con accion y determinacion en concluir lo que comienzo, nada me es dificil y todo me es facil.

Define tus acciones, tu plan de trabajo, lo que pienses realizar, analizalo y trata de llevarlo a cabo.

Paro antes, fijate una meta bien definida para saber qué es lo que quieres a dónde vas.

No empieces nada si no sabes adónde vas, pues esto seria como si caminaras sin rumbo fijo por las calles, por el campo, por cualquier lado, sin saber adónde vas.

En tal forma, siempre debes de saber qué es lo que quieres y adónde vas, ya que solamente asi, obtendrás por derecho propio la riqueza y la felicidad que son tuyas.

No vayas por el mundo a la deriva como un barco sin timón.

Define tu camino. Qué es lo que quieres, adónde vas, adónde llegarás, qué es lo que harás.

¿Qué es lo que quieres? Triuntar, ser rico y feliz.

¿Adónde vas? Hacia el éxito, la riqueza y la felicidad.

¿Adónde llegarás? Adonde te propongas si te encuentras fisica y mentalmente preparado para ello, y llegarás a la cima del triunfo la riqueza y la felicidad.

Qué es lo que haré, realizaré mi mejor esfuerzo, pondré todo mi corazón y entusiasmo para realizar mi trabajo, tendré siempre presente que soportaré el esfuerzo del trabajo como si fuera un juego, además, trabajaré, pensando que mi trabajo es un vicio para mi.

Ya que haciendo mi trabajo de la mejor forma posible, triunfaré, alcanzaré la riqueza y la felicidad que me corresponden y que son mías.

Por lo tanto, siempre definiré mi camino y trabajo antes de empezar, para no tropezar con el fracaso, ya que, no estoy dispuesto a fracasar otra vez.

REGLA OCTAVA.

FE.

Ten fe en todo lo que realices, principalmente ten fe en ti mismo.

Se te ha olvidado que la fe mueve montañas?.

Debo aprender a tenerme fe, a tener fe en todo lo que realice.

Enseñaré a mi mente que la fe que me profeso es lo más grande y sublime de la vida.

Con fe en mí mismo, podré realizar cualquier clase de trabajo que desarrolle, ya que, teniéndome fe dejaré de tener miedo.

Por que si tengo miedo es que no me tengo fe, y me creo incapaz de realizar cualquier trabajo, por sencillo que éste sea.

Pero yo, tengo fe en mí mismo, en mi persona y en lo que poseo, y con fe triunfaré y brincaré todos los obstáculos que se pongan en mi camino, para evitarme triunfar. Pero eso sera imposible, porque me tengo fe y por lo tanto, triunfaré.

Con fe, alcanzaré los peldaños más altos de la vida y alcazaré riquezas insospechadas.

La fe, me dará determinación para realizar cualquier trabajo que desarrolle.

Debo tener fe de que pronto seré rico y feliz, grabarlo en mi mente, para que asi sea.

¿Y qué es la fe? Es la fuerza del pensamiento. Esto quiere decir que debo encauzar mi pensamiento a cosas positivas, con el fin de que mis acciones sean positivas, todo lo malo, debe de ser desalojado por mi pensamiento pues no me conducirá a nada bueno, y a la larga, solamente me causará problemas y yo padeceré.

Por lo tanto, por medio de mi mente y mi pensamiento, puedo encauzar mis pasos a la riqueza y la felicidad, para esto, con el poder de mi mente y pensamiento, debo auto ordenarme, y me autosugestionaré que seré rico y feliz. Y lo seré.

Pero no solamente es necesaria la autosugestión, también es necesaria la disciplina, esto quiere decir que cuando estemos con la fe suficientemente fuerte, hacia el camino a la riqueza y la felicidad, debemos fijarnos también, mentalmente, una disciplina a seguir a fin de encadenar nuestros pasos y no volver a perder la ruta de la riqueza y la felicidad.

Debes de grabar en tu mente, que para obtener riqueza y felicidad, la FE es tu punto de partida.

Aprende que la repetición constante del pensamiento positivo, te hará actuar positivamente, o sea, debes aprender a ordenarte por medio de la mente, qué es que deseas de esta vida?, cual es la meta que te has fijado? ¿Qué es lo que quieres tener?, grábate todo esto en la mente y para ayudarla, haz una lista de lo que pretendes por inverosímil que esto parezca, y todas las mañanas y por la noche, diariamente, debes aprender a leerla y a pensar en ella, y notarás qué fácil y sencillo se realizan las cosas que en la lista has escrito.

Por lo tanto, no debes de olvidar que la fe mueve montañas, y que la fe, es la fuerza del pensamiento y de la acción.

En tal forma, conjuga tu pensamiento con la acción, para que obtengas la fe suficiente de que triunfarás en lo que te has propuesto, y en tus metas, trazadas en tu papel y en tu mente, la fe de que alcanzarás la meta que te lleve a la riqueza y felicidad.

REGLA NOVENA

SE PRACTICO.

No debo complicarme la vida.

Debo de ser práctico.

Cualquiera que sea el trabajo que desarrolle, debo de ser práctico, no debo de complicar la realización de mi trabajo, porque esto me quitará tiempo para realizarlo, y lo que necesito es tiempo.

Tiempo para desarrollar más trabajo, producir más, ganar más, ya que quiero ser rico; si no hago esto, nunca tendré el dinero suficiente para ser rico y seré un mediocre, seré alguien más que no cuenta entre las personas. Seré un Don Nadie.

Y va estoy cansado de ser un Don Nadie, quiero figurar entre los mejores, y para ello, debo ser práctico, no debo de compicar las cosas por difíciles que parezcan, ya que, ciertamente, no hay nada difícil en esta vida, aunque yo crea que lo hay.

Debo de hacerme el propósito de trabajar más cada día y dejar de complicarme el trabajo que desarrollo.

Esta es una regla muy sencilla que no debo olvidar nunca, por el contrario, siempre la debo de tener presente en mi mente y en mi corazón, debo ser práctico, solamente así lograré triunfar y ser grande al lado de todos mis amigos, y de esta forma, llegaré a ser rico, que es la ruta que persigo.

43

Debo de aprender a ser práctico en todo lo que realice o haga, nada es difícil, todo es fácil si tenemos la fe y el deseo de que así sea, y, así será.

Por ningún motivo escucharé a los que me aconsejan lo contrario, ya que esas personas en lugar de ser mis amigos, son mis enemigos, el deseo de ellos es que fracase en el intento que estoy haciendo de ser rico, lo que ellos quieren que no sea, desean que siga siendo un mediocre, un Don Nadie, pero eso ya no entra en los planes de mi vida. Triunfaré en la vida con otra sencilla regla. La de ser práctico.

No volveré a complicarme con las cosas que realizo o con mi trabajo, por el contrario, las debo de ver en la forma más sencilla posible, y así será de ahora en adelante.

Ya que las complicaciones que le encontraba a las cosas en el pasado, únicamente han sido producto de mi mente, y ya que esto ha sido, de ahora en adelante, mi mente me hará ver todas las cosas en la forma más sencilla posible lograré el triunfo que me he propuesto, que es el de ser rico y feliz.

De ahora en adelante, comenzaré a ser práctico, y todo lo que realice me será más fácil y lo realizaré con la mayor alegria que hay en mi corazón, de esta forma, lograré el triunto que me he propuesto.

La práctica, hace al maestro, por tal motivo, recuerda tu pasado, tus logros y tus éxitos, perfecciónalos, y vuélvelos a realizar con la práctica y experiencia que tienes.

Lo práctico, es lo que mayor aceptación tiene entre las personas, pues ellas, nunca te comprarán o aceptarán cosas complicadas, ya que, no desean complicarse la existencia.

De tal forma que lo práctico, es lo que tiene mayor aceptación entre las personas, puesto que es fácil, y si lo que hago, lo complico, fracasaré. Pero yo, no debo aceptar el fracaso, por lo tanto, en todo lo que realice debo de ser práctico, para ser un triunfador y alcanzar la riqueza y la felicidad, que son mías y me corresponden.

No debo de olvidar nunca, que el ser práctico, es lo mejor que debo poseer para triunfar, y de ahora en adelante, seré práctico y no complicado con las cosas que haga o realice.

REGLA DÉCIMA

ATACA.

Nunca debo aceptar, ser derrotado, por el contrario, siempre atacaré primero para ser vencedor.

Ya estoy cansado de ser un derrotado, la vida me ha dado los instintos y la fuerza necesaria para ganar, pero sólo ganaré, si ataco antes que los demás.

No debo de olvidarme: "Que el que pega primero pega dos veces, ¿O no es esto cierto? ¿Por qué debo de esperar a que me peguen primero?

Debo atacar, y para esto, debo de pensar cuidadosamente mis pasos, en todos los casos, en todo negocio que emprenda o bien, para desarrollar el trabajo que realizo. Siempre mejor que mis demás compañeros, porque aunque cuando ellos me digan, no te esfuerces, ellos hacen lo contrario y solamente tratan de perjudicarme, no debo escucharlos, porque éstos no son mis amigos, por el contrario, aquel que trata de perjudicarme, es mi enemigo.

Todos los días al levantarme, lo primero que mi mente ordenará es, atacar, atacar en mi trabajo, en lo que realizo, en lo que hago, saldré del lugar donde habito con la mente bien dispuesta en atacar y de no dejarme atacar, para no ser derrotado por los demás, al contrario, atacaré y los dominaré con mi perseverancia, con mi fe, con mi amor y así, los venceré.

Ya nunca volveré a ser vencido por los demás, al contrario,los venceré y ellos serán los vencidos.

De ahora en adelante, siempre atacaré y venceré, y cada vez que venza, será un paso más rumbo a la meta de la riqueza y de la felicidad que me he trazado en mi vida.

Trabajaré con más ahínco, con más amor, con más pasión, que es la única forma que conozco de ataque, y de esta forma, venceré. Sí, venceré a la adversidad que muchas veces me ha perseguido y que no he sabido cómo atacarla y vencerla, atacaré y venceré. Esta será la idea que siempre tendré en mi mente todos los días cuando empiece a trabajar, de esta forma, venceré y nunca más seré vencido.

Dejaré de tener miedo de los demás, ya que en un pasado fui humillado, despreciado y hasta se burlaron de mí,esto se debia a que les tenia miedo, temor. Vergüenza o respeto, pero de ahora en adelante, debo de aprender que todos somos iguales por lo tanto no le tengo miedo a nadie y es mas, a todos los que les tenia miedo los vencere y tendran que respetarme, y asi ellos tendran que tenerme respeto.

Ataca, recuerda cómo los animales atacan cuando tienen hambre o cuando se defienden.

Tú, tienes hambre de riqueza y felicidad, por lo tanto, debes atacar, reflexiona siempre tu actitud antes de atacar a tu presa, las consecuencias posibles de tu ganancia, pero ataca, no te quedes quieto, no debes ser pusilánime, miedoso, al contrario, eres fuerte de corazón, de fe, de acción y es necesario que ataques, para que puedas triunfar y alcanzar la riqueza y la felicidad que son tuyas.

Defiéndete de los ataques de los demás, ya que ellos, también tienen hambre de triunfo, riqueza y felicidad, y si te dejas vencer tú serás el derrotado y ellos los vencedores, pero eso, no lo debes permitir; por tal motivo, defiéndete de la agresión y ataca para vencer y no ser derrotado, alcanza la riqueza y la felicidad, que son tuyas y de nadie mas.

Por tal motivo, siempre debes atacar para alcanzar tus objetivos y las metas que te has propuesto, y llegar a ellas hasta su consecuencia final, no las dejes a medias porque esto te convertirá en un fracasado y no en un vencedor.

REGLA ONCEAVA.

INVIERTE

Del producto de mis ahorros, ¿qué debo hacer? ¡Invertir!

¿Oh, no lo sé? Pues debo pensar debo imaginarme cosas en las cuales, pueda desarrollar el trabajo por mi cuenta, aumentar el dinero o capital por pequeño que sea, con el fin de incrementarlo y poseer más, es necesario que tenga imaginación, que piense, con objeto de que mi cerebro trabaje y me ordené qué es lo que debo hacer y asi, lo intangible se convierta en realidad.

Hay tantas cosas que la humanidad necesita como servicios, satisfactores y demás productos para satisfacer sus necesidades, que es necesario y pienso encontrar cuáles son, o cuál es, para que empiece a trabajar en ello.

No voy a descubrir nada, tal vez no, pero lo ya existente, lo voy a mejorar, a perfeccionar con gran esmero y cariño, pondré todo mi esfuerzo en ello, todo mi amor, toda mi fe para que así, todo lo que realice me salga bien.

Debo invertir no solamente dinero, sino también esfuerzo, capacidad, tiempo, deseo, fe, amor y decisión para poder realizar lo que deseo, lo que anhelo, y esto se convierta en dinero y felicidad, más dinero y más felicidad día a día.

Y de las ganancias que obtenga, ahorraré e invertiré, ya que no debo gastar mi dinero en cosas que no valgan la pena, lo invertiré, para que me produzca más y más.

Debo ser cauteloso en mis inversiones, las grandes ofertas o estímulos de grandes negocios debo de estudiarlas correctamente, darme el tiempo suficiente para pensar en ellas, ya que pueden ser un canto de sirenas.

Si no actúo correctamente, todo lo que he ganado lo perderé y si esto sucede, no debo de imaginarme que ahí termina mi vida, por el contrario, empieza nuevamente con una lección y una gran experiencia de que fui timado, y me servirá para estar mejor preparado, para iniciar de nuevo el camino, siendo más cauteloso y astuto que los demás.

No debo de olvidar, que las personas que se me acerquen para ofrecerme ganar cantidades fabulosas, me quieren timar, porque nadie está dispuesto a compartir sus ganancias si sabe que son seguras, ya que si son seguras, no me lo ofrecería, haría el negocio solo y no compartiría sus ganancias, de lo contrario,si no está seguro desu éxito, me lo ofrecería para que con él camine en aventura, quizás al que me lo ofrece no le interese pero a mí sí, no estoy dispuesto a perder un solo centavo de mi propiedad, porque el dinero nadie lo regala y es difícil y cuesta mucho trabajo el ganarlo.

Debo cuidar mi dinero, al igual que cuido mi vida, la de mis hijos, mi esposa, porque solamente así, comprenderé que el dinero es un satisfactor que tiene poderes para brindarme otros satisfactores.

Y si quiero más comodidades de las que disfruto, debo asegurarme que lo que invierta, por poco que sea, sea en una inversión segura, para no ir en una aventura que sólo me dejará tristeza, amargura y reproche.

No existe, actualmente, mejor forma que invertir sabiamente lo que hemos ganado con tanto sacrificio.

No es justo, que el esfuerzo que hemos realizado para tener riqueza y felicidad se nos esfume de la mano.

Por lo tanto, debo invertir el producto de mis ganancias, para obtener mayores ganancias nuevamente.

Debo pensar que existen en la actualidad una variedad de buenas inversiones, como son: terrenos, casas, depósitos bancarios, negocios , inversiones, bolsa y demás, y debo pensar mucho y bien en qué invertir.

No debo permitir que la publicidad influya en mis decisiones financieras; más bien, debo analizar críticamente las opciones disponibles. La clave radica en identificar aquellas inversiones que generen mayores rendimientos con el menor riesgo posible. Comprender que una mala inversión puede significar la pérdida de los recursos invertidos y, por ende, el reinicio del proceso de acumulación de riqueza y felicidad, subraya la importancia de ser meticuloso en mis elecciones.

Es imperativo reflexionar a fondo sobre cualquier inversión que contemple realizar. Un estudio exhaustivo, que considere detenidamente los beneficios proyectados y los riesgos potenciales, guiará mis decisiones. Este enfoque reflexivo me permitirá evaluar con precisión la inversión en cuestión. Una vez que haya analizado exhaustivamente y comprendido los aspectos cruciales, estaré listo para llevar a cabo la inversión sin temor, respaldado por la preparación y el conocimiento adquirido, encaminándome así hacia el triunfo y el logro de la riqueza y felicidad que ansío.

REGLA DOCEAVA

SE CAUTO.

La cautela es un arte, no te dejes engañar por los demás, ya que la mayoría de las personas, trata, por todos los medios posibles, de sacarle a uno el mayor provecho en su beneficio. Cuando te alaben el oído y a tu persona. Sé cauto.

Planea bien tu trabajo, traza tu ruta definida, no dejes nada a la suerte o al ahí se va, al contrario, cualquier cosa que emprendas o realices hazla bien, no la hagas a medias o mal, ya que eso sólo te traerá problemas, mientras que si realizas todo bien tendrás riqueza y felicidad.

Soporta el esfuerzo del trabajo, como si éste fuera un juego.

Recuerda que la perseverancia es más fuerte que la inteligencia, si deseas triunfar en la vida o en los negocios que emprendas. Pero esto, planéalo con cautela, no lo dejes a la suerte.

Cuando las personas han obtenido riqueza y felicidad, demuestran haber sido siempre cautos al emprender un negocio o trabajo.

Ten fe en tu trabajo, sé creyente en tí mismo, en lo que haces o desarrollas, en lo que vendes o fabricas.

El secreto para triunfar es el trabajo, que debe realizarse con amor, abnegación, pasión y alegría.

Reflexiona en lo que hagas o realices, hazlo digno de tí, para que los demás te lo agradezcan.

Recuerda tus fracasos, para no volver a incurrir en ellos, sacales el mayor provecho, ya que a esas experiencias te serviran para que las conviertas en triunfos y tu tiempo en riqueza y felicidad.

Estudia tu camino y tu fin deseado, y si es necesario, recapacita una y otra vez hasta que lo perfecciones, incluye la cautela para que alcances el éxito deseado.

Siempre, ten presente que los fracasados, nunca han tenido cautela para desarrollar su trabajo.

Son personas a las que no les importa lo que los demás piensen de ellos, no seas así.

"Quiero triunfar y que mi trabajo sea reconocido por los demás, que mi nombre se proclame por todos lados como un triunfador, no como un fracasado".

"Quiero que mi familia, esposa e hijos si los tengo o los llegare a tener, se sientan orgullosos de mi, y esto solamente lo lograré con mi trabajo y mi tiempo"

"Quiero ser digno de mi familia y de los que me rodean".

"Debo de tener fe en que mis triunfos están por llegar, pero, para esto, es necesario redoblar mi esfuerzo en el trabajo, con la cautela correspondiente"

Cree en tí y nada te será imposible, por más obstáculos que encuentres para alcanzar el fin deseado, que es el éxito, la riqueza y la relicidad, piensa siempre con cautela para realizar tu trabajo, hazlo bien, realizalo con la mayor perfección posible, asi, obtendrás los triunfos deseados y alcanzarás la riqueza y la felicidad.

Tienes derecho a ella, el único que se quita ese derecho eres tú, y nadie más que tu.

En tal virtud, es necesario que te hagas el propósito de ser un triunfador y no un derrotado.

Sé cauto en lo que emprendas para que no sufras derrotas.

Analiza, todas las veces que sea necesario, cada una de estas sencillas Reglas para ser rico y feliz.

No las guardes en el cajón del olvido, son necesarias todos los días, para que seas rico y feliz.

Espero que te sirvan en el camino de tu vida y seas otro triunfador más en este mundo.